A IMPORTÂNCIA DOS CASOS DE USO PARA A ELICITAÇÃO DE REQUISITOS

T. S. GOMES

A IMPORTÂNCIA DOS CASOS DE USO PARA A ELICITAÇÃO DE REQUISITOS

1ª edição

Rio de Janeiro

2020

DIREITOS AUTORAIS

ISBN-13: 9781655709838

Dados Internacionais de Catalogação na Publicação (CIP)

G633i	Gomes, T. S.
	A importância dos casos de uso para a elicitação de requisitos / T. S. Gomes. - 1. ed. - Rio de Janeiro: Publicado Independente-mente, 2020.
	68 p.; 12,85 cm x 19,84 cm.
	ISBN 978-165570983-8
	1. Tecnologia da informação. 2. Documentação. 3. Engenharia de software. I. Título.
	CDD: 004
	CDU: 004.01+004.41

DEDICATÓRIA

Agradeço a Deus, em primeiro lugar, por ser meu tudo.
Agradeço, também, à minha esposa e família, por estarem
sempre ao meu lado me apoiando.

SUMÁRIO

PREFÁCIO

A engenharia de requisitos é uma fase crucial na engenharia de *software*, pois é quando se elicita, analisa e valida os requisitos que se norteia o que deve ser feito para o cliente, e *software* de qualidade deve atender aos requisitos. A Linguagem de Modelagem Unificada é formada por diversos diagramas com diferentes funções. Um dos principais e mais utilizados na elicitação de requisitos é o diagrama de casos de uso juntamente com a descrição de casos de uso.

Este livro é fruto da adaptação de um artigo científico elaborado como Trabalho de Conclusão de Curso. O artigo analisa e procura entender qual é a importância dos diagramas e descrições de casos de uso para a elicitação de requisitos. Objetivando entender, mais especificamente, o que é requisito, engenharia de requisitos e sua importância, Linguagem de Modelagem Unificada, diagrama e descrição de casos de uso e a importância destes para a engenharia de requisitos.

A literatura afirma que a engenharia de requisitos é uma fase crítica e quando não é bem realizada gera graves transtornos, como custos aumentados, prazos adiados e projetos cancelados. Torna-se necessária a utilização de técnicas e ferramentas para tornar mais claros os requisitos dos clientes. Sendo relevante analisar e aprofundar este tema para que se entenda melhor a importância do caso de uso para a engenharia de requisitos.

O artigo, que originou o livro, se baseia em pesquisa exploratória bibliográfica através de livros e artigos, priorizando publicações com 10 anos ou menos, com abordagem qualitativa da análise textual da bibliografia objetivando analisar e entender a importância do diagrama e descrição de casos de uso na elicitação de requisitos.

INTRODUÇÃO

Na engenharia de *software*, uma das fases mais críticas no desenvolvimento de um sistema, é a fase da Engenharia de Requisitos (ER), Gallotti (2016, p. 14) diz que a engenharia de requisitos é a parte integrante da engenharia de *software* com foco em atender as necessidades dos *stakeholders*, que são todos aqueles interessados e que possuem alguma influência no *software* a ser desenvolvido. Isto se deve ao fato de que é na engenharia de requisitos que se elicita, analisa e valida os requisitos que norteiam o que deve ser feito para o cliente, pois, de acordo com Foggetti (2014, p. 20), os requisitos servem para entender o que precisa ser desenvolvido para que as necessidades do solicitante sejam atendidas e só há *software* bem feito quando este atende aos requisitos solicitados pelo cliente. Não há sistema funcional que seja bom, quando o mesmo não é funcional naquilo que o cliente solicitou. O sistema só pode ser considerado correto quando o mesmo atende aos requisitos solicitados e validados junto ao cliente.

A Linguagem de Modelagem Unificada, ou, no inglês, *Unified Modeling Language* (UML), é formada por um conjunto de diagramas com diferentes funções, algumas de suas principais funções são as de ajudar a elicitar, analisar e validar os requisitos, assim como, documentar o sistema e segundo Sommerville (2011, p. 75) os cenários e os casos de uso são eficazes para levantar e analisar os requisitos, representando cada interação dos atores no sistema. Nesta documentação estão incluídos os requisitos funcionais e não funcionais, os quais norteiam o desenvolvimento do sistema. Sendo assim, de acordo com Gallotti (2016, p. 108), requisito é tudo o que é solicitado pelos clientes como funcionalidades para que uma tarefa seja executada corretamente. Sendo uma das principais e mais utilizadas ferramentas na elicitação de requisitos, o diagrama de caso de uso, juntamente com a descrição de caso de uso. KERR (2015, p. 17) afirma que a UML é utilizada, tradicionalmente, para representar os requisitos e suas relações com seus atores. Sendo a UML utilizada como ferramenta útil para reduzir a diferença entre as linguagens comumente utilizadas por especialistas de Tecnologia da Informação (TI) e os clientes interessados, que costuma ser uma frequente causa de falha de comunicação que leva a erros na definição dos requisitos. Sendo então a UML útil tanto para facilitar a comunicação entre *stakeholders* e especialistas de negócios, assim como entre os engenheiros de requisitos e os técnicos programadores que irão implementar os requisitos.

Torna-se interessante e necessário analisar o tema e entender a seguinte questão. Qual é a importância dos diagramas e descrições de casos de uso da UML para a elicitação de requisitos, dentro da engenharia de requisitos, para o desenvolvimento de *software*?

O artigo, que originou este livro, objetiva analisar e entender a importância dos diagramas e descrições de casos de uso da UML para a elicitação de requisitos dentro. da engenharia de requisitos para o desenvolvimento de *software*, mais especificamente entender o que é requisito, a engenharia de requisitos e sua importância; também o que é a Linguagem de Modelagem Unificada, mais especificamente o diagrama e a descrição de casos de uso e a importância dos casos de uso da UML para a engenharia de requisitos.

A engenharia de requisitos é uma fase crítica em qualquer processo de desenvolvimento de *software*, segundo Sommerville (2011, p. 60) as falhas na especificação dos requisitos geram muitos problemas no desenvolvimento de um *software*, uma vez que é nela que se levantam os requisitos funcionais e não funcionais que o cliente deseja que estejam presentes no *software* a ser desenvolvido. Quando não é bem feita, esta fase leva a transtornos graves, como o adiamento dos prazos, aumentos dos custos, retrabalho e até mesmo o cancelamento do projeto. Segundo Leffingwell (1997), citado por D'Oliveira *et al*. (2012, p. 96), entre 40% a 60% dos problemas no desenvolvimento de um *software* são creditados à falha do processo de engenharia de requisitos ou a não utilização de técnicas de ER adequadas. Sendo então necessárias a utilização de técnicas, métodos e ferramentas que facilitem e tornem claras a elicitação, análise e validação dos requisitos para que o desenvolvimento do *software* seja realizado no prazo e custo propostos satisfazendo os requisitos do cliente.

Dessa forma, entende-se que o tema possui relevância no sentido de estudar, entender e aprofundar a importância que o diagrama e descrição de caso de uso da UML possuem na fase de elicitação de requisitos da engenharia de requisitos, uma vez que, com o uso de uma ferramenta, que torna mais simples e clara a engenharia de requisitos, também se alcança um projeto bem definido, com cronograma cumprido e custos devidamente utilizados, pois, de acordo com Sommerville (2011, p. 62), os clientes solicitantes do sistema costumam ter dificuldade em definir o que querem que seja feito em um sistema, por isso Sommerville (2011, p. 66-67) diz que existem muitas propostas de formas para escrever os requisitos, pois desde o início da engenharia de *software* a linguagem natural é muito utilizada e, apesar de ser simples e comum, ela traz o problema de ser vaga e possuir muita ambiguidade, o que leva o seu entendimento ao domínio do conhecimento do leitor. Para Sommerville (2011, p. 66 e 73) os diagramas são úteis, pois tornam mais fácil demonstrar detalhes dos requisitos do sistema em desenvolvimento, já que é mais fácil aos seres humanos entenderem exemplos simples da vida real do que descrições técnicas, sendo, então, mais fácil para as pessoas descreverem e entenderem cenários de uso, ou interações com o sistema, e, dessa forma, os engenheiros de requisitos podem se basear nesta fórmula de cenários de uso para elicitar melhor os requisitos.

O artigo, que originou este livro, foi realizado com base em pesquisa exploratória bibliográfica, realizada através de livros e artigos, priorizando publicações com 10 anos ou menos, com abordagem qualitativa da análise textual da revisão bibliográfica, com o objetivo de analisar, entender e compreender a importância do diagrama de caso de uso e da especificação de caso de uso da UML na elicitação de requisitos na engenharia de requisitos. Dessa forma, é analisado o que é requisito, para em seguida entender o que é a engenharia de requisitos e sua importância para a engenharia de *software*. Também é explorado e descrito o que é a Linguagem de Modelagem Unificada (UML), apresentando-a de forma geral, porém mantendo o foco no objetivo específico do artigo, que é o diagrama e a descrição de casos de uso, para que seja entendida a importância dos casos de uso da UML para a engenharia de requisitos.

CAPÍTULO 1: ENTENDENDO O QUE É REQUISITO

Inicialmente, faz-se necessário entender e definir o que se tem por requisito na literatura acerca da engenharia de *software*. Analisa-se a definição dos autores para esclarecer o significado do termo.

A definição de Sommerville (2011, p. 57) para requisitos é que os "[...] requisitos de um sistema são as descrições do que o sistema deve fazer, os serviços que oferece e as restrições a seu funcionamento.".

Já Gallotti (2016, p. 108) resume em uma frase o que é requisito. Sendo, "requisito, de modo geral (e como o próprio termo sugere), é tudo aquilo que é requerido para que uma tarefa seja executada da maneira correta.".

Para os autores Kerr (2015, p. 3) e Marinho (2016, p. 37) requisito é resumido como "as descrições do que o sistema deve fazer" e os serviços que devem oferecer, assim como, os "atributos e as restrições a seu funcionamento". Sendo os requisitos a base de todo desenvolvimento de *software* que visa atender as necessidades dos clientes.

Também nos escritos de Marinho (2016, p. 37), encontra-se o resumo da engenharia de requisitos como "o processo de descobrir, analisar, documentar e verificar esses serviços e restrições [...]".

Dessa forma, os requisitos de *software* são o passo inicial para o desenvolvimento ou manutenção de um sistema; e, por esta razão, possui grande relevância em qualquer processo de desenvolvimento de *software*. Azevedo Junior e Campos (2008, p. 27) sustentam que é no levantamento de requisitos que se identificam e modelam as necessidades do negócio, e, por isso, a engenharia de requisitos é cada vez mais relevante.

Sempre que um cliente, seja empresa, governo ou pessoa física, procura pelo serviço especializado para o desenvolvimento de um novo *software* para atender as suas necessidades, ou, até mesmo, para que seja realizada a manutenção em um sistema já existente, o primeiro passo, que deve ser tomado, é o da engenharia de requisitos.

Foggetti (2014, p. 20) afirma que, no desenvolvimento de um *software*, é muito difícil entender os requisitos de maneira clara e objetiva, e, o entendimento, é necessário para alcançar a utilidade solicitada pelo cliente no *software*.

É extremamente importante levantar, analisar e entender os devidos requisitos, pois os mesmos são a base, o alicerce, e se forem mal definidos gerarão diversos transtornos.

Na obra de Audy e Prikladnicki (2008, p. 123), eles citam o estudo do *Standish Group*, de 1995, que conclui que os requisitos estão relacionados aos principais problemas no desenvolvimento de *software*. Problemas comuns, como prolongamento de prazos e aumento de custos, têm como causa, em sua maioria, falhas na engenharia de requisitos. Assim como, também defende Foggetti (2014, p. 22), que os problemas, em sua maioria, ao desenvolver um *software*, são devidos aos requisitos mal elicitados e especificados.

Um *software* que, tecnicamente, funcione, pode, ainda assim, ser um *software*, na prática, errado, pois, segundo Foggetti (2014, p. 20), para que o *software* atenda às necessidades do cliente é necessário utilizar os requisitos para desenvolver as corretas funcionalidades, e se o

9

T. S. Gomes

software não possui as corretas funcionalidades solicitadas pelo cliente, ele está errado.

No estudo dos requisitos, devem ser reconhecidas as suas sutis diferenças, para que sua análise e definição não sejam prejudicadas. Sommerville (2011, p. 57) afirma que o termo requisito não possui uso único, pois hora é tido como algo que o sistema deve fazer, de maneira ampla, e hora representa uma definição específica do sistema. O que pode ocasionar alguns problemas por não ser realizada e percebida a separação entre os diferentes níveis de descrição.

Os requisitos são, então, diferenciados como requisitos de usuário, de sistema, funcional e não funcional. Para Sommerville (2011, p. 58), quanto aos requisitos de usuário, o mesmo afirma que "são declarações, em uma linguagem natural com diagramas, de quais serviços o sistema deverá fornecer a seus usuários e as restrições com as quais este deve operar.".

Podemos resumir os requisitos de usuário como as funcionalidades que o sistema oferece ao usuário final, e, também, as limitações de funcionamento que o mesmo possui.

Os requisitos de sistema são mais específicos que os de usuário, pois eles devem ser especificados de maneira

10

completa, incluindo termos específicos de TI, para melhor uso da equipe técnica de desenvolvimento do sistema.

Podemos conferir como Sommerville (2011, p. 58) define os requisitos de sistema. Para o autor, eles são "descrições mais detalhadas das funções, serviços e restrições operacionais do sistema de software. O documento de requisitos do sistema [...] deve definir exatamente o que deve ser implementado.".

Requisitos funcionais são requisitos que descrevem funcionalidades que devem ser oferecidas por um sistema, independentemente de como ele será implementado. O foco neste tipo de requisito é apenas o que o cliente deseja que o sistema realize para ele, por exemplo, a impressão de um relatório.

Com relação aos requisitos funcionais, Sommerville (2011, p. 59) afirma que os requisitos funcionais descrevem o que o sistema deve fazer e as funções que deve entregar, para que, o que o cliente deseja que o sistema faça, seja atendido; e, às vezes, também representam o que o sistema não deve fazer.

Os requisitos não funcionais são conhecidos como requisitos de qualidade, uma vez que os mesmos são relacionados a exigências de implantação e funcionamento do sistema, mas não são funcionalidades para o usuário. Podem ser limitações de projeto, como limite de custo total ou tempo disponível para o cronograma terminar; ou, ainda, outros tipos de limitações. Pode haver limites de *hardware*, como limite de espaço para armazenamento de arquivos, garantia de tempo de funcionamento sem falhas; entre outros. Também pode haver limites impostos por regulamentação, limites legais, que não são funcionalidades, mas implementações para que a organização não descumpra a lei.

Sobre os requisitos não funcionais, Sommerville (2011, p. 59 e 61) diz que eles são as restrições impostas ao sistema a ser desenvolvido, como custos, prazo, limitação de *hardware* e legislações.

Consequentemente, prosseguindo a análise da bibliografia sobre o tema, encontramos outros autores que sustentam a mesma distinção entre os tipos de requisitos. Foggetti (2014, p. 20-21) distingue os requisitos entre requisitos de usuário e de sistema. Sendo os requisitos de usuário "as funções que o sistema deve ter e as funções que o sistema não terá [e] são sempre escritos na linguagem mais natural e menos técnica possível". Já os requisitos de sistema são "o detalhamento das funções [e] o conjunto de detalhamentos também é chamado de especificação funcional.".

Assim como o autor difere os requisitos entre de usuário e de sistema, Foggetti (2014, p. 22) também define os requisitos em funcionais e não funcionais. Para o autor, os funcionais "são as funções que o sistema deve ter, a declaração de como o sistema deve reagir a determinadas entradas e como deve se comportar em determinadas situações". O autor ainda define os requisitos não funcionais como "condições ou restrições de operação".

Complementarmente, Da Costa (2018, p. 206) resume, de maneira objetiva, a diferença entre os requisitos funcionais e os requisitos não funcionais, afirmando o seguinte. "[...] a diferença entre requisitos funcionais e não funcionais está no fato dos requisitos funcionais descreverem 'o que' o sistema deverá fazer, enquanto os requisitos não funcionais fixam restrições sobre 'como' os requisitos funcionais serão implementados.".

É muito importante entender claramente o que são e como se definem os requisitos, para que os profissionais estejam preparados para realizar a engenharia de requisitos, pois, segundo Sommerville (2011, p. 62), "na prática, os clientes de um sistema geralmente consideram difícil traduzir suas metas em requisitos mensuráveis.". Fica claro o importante papel do engenheiro de requisitos de ser o intermediador entre *stakeholders* e desenvolvedores.

13

CAPÍTULO 2: CONHECENDO A ENGENHARIA DE REQUISITOS

As Tecnologias da Informação e Comunicação (TIC) são recentes na história da humanidade e ao passo que os *hardwares* se tornam mais potentes, novos sistemas são desenvolvidos. Atualmente há crescente demanda por novos sistemas, com prazos de entrega cada vez mais apertados para atender aos anseios da sociedade.

Inicialmente não se possuía muita sofisticação nos processos de engenharia de *software*, fazendo com que muitos problemas só fossem descobertos com o sistema já em operação. Isto em uma época que os sistemas informatizados ainda estavam aparecendo, com poucos computadores pessoais e sem os famosos telefones inteligentes. D'Oliveira *et al.* (2012, p. 96) diz que "[...] é importante saber que o desenvolvimento de software era realizado de forma puramente artesanal. Os softwares desenvolvidos continham muitos erros e, tais erros geravam enormes retrabalhos tornando o processo de desenvolvimento dispendioso.".

Na atualidade, com a proliferação dos computadores pessoais, telefones inteligentes (*smatphones*) e o avanço da rede mundial de computadores (*internet*), surge a necessidade de desenvolver cada vez mais sistemas, para diferentes plataformas, para atender a sociedade contemporânea. Dessa forma, a engenharia de *software* tem avançado cada vez mais. Uma de suas partes mais importantes e que serve como o início de todo desenvolvimento de *software,* assim como, sua base e fator de validação é a engenharia de requisitos.

Dessa forma, Azevedo Junior e Campos (2008, p. 28) definem engenharia de requisitos como "um campo da engenharia de software que visa a aplicação de técnicas de engenharia em métodos de análise de requisitos, que efetua a ligação entre a necessidade de informatização de processos e o projeto do software que atenderá a tais necessidades.".

D'Oliveira *et al.* (2012, p. 97) lembra que em 1993, o Instituto de Engenheiros Eletricistas e Eletrônicos, em inglês *Institute of Electrical and Electronics Engineers* (IEEE), estabeleceu a engenharia de requisitos como uma disciplina independente dentro da engenharia de *software*, especializada em produzir e gerir os requisitos de *software*.

Gallotti (2016, p. 14) diz que a engenharia de requisitos é parte integrante da engenharia de *software* com foco em atender as necessidades dos *stakeholders*, que são todos aqueles interessados e que possuem alguma influência no *software* a ser desenvolvido.

Percebe-se, então, o reconhecimento, por parte de institutos especializados e profissionais da área, da existência da engenharia de requisitos e da sua importância para a engenharia de *software*.

De forma resumida, conforme já apresentado no início deste livro, pode-se dizer que os requisitos são os interesses dos *stakeholders* para o sistema a ser desenvolvido ou mantido, e "o processo de descobrir, analisar, documentar e verificar esses serviços e restrições é chamado de engenharia de requisitos [...]". (MARINHO, 2016, p. 37; SOMMERVILLE, 2011, p. 57).

É importante realizar a ER, pois o *software* só pode ser considerado correto e de qualidade se este, além de funcionar corretamente, também atender um por um dos requisitos almejados pelo solicitante do serviço. Dessa forma, Audy e Prikladnicki (2008, p. 123) afirmam que o esforço empregado em desenvolver um *software* pode ser desperdiçado, caso o *software* não atenda aos requisitos, tanto funcionais quanto não funcionais.

Ainda que o *software* não seja totalmente descartado, com o cancelamento do projeto, as falhas na ER podem impactar negativamente todo o projeto, sendo necessários novos ciclos de elicitação, análise e validação de requisitos, assim como nova implementação em código e testes, aumentando o prazo, gerando retrabalho e, consequentemente, aumentando os custos, como defendem Audy e Prikladnicki (2008, p. 123).

O desenvolvimento e a manutenção de sistemas informatizados são um custo para qualquer organização e devem ser bem aplicados, para que gerem o devido retorno em capacidade de oferta de serviços para o contratante.

A engenharia de requisitos é realizada em todo tipo de processo de engenharia de *software*, porque, segundo Foggetti (2014, p. 20), "uma das tarefas mais difíceis no desenvolvimento de um software é entender com clareza os requisitos. O entendimento é importante para que o software construído seja útil para o cliente.". A forma mais eficaz de entender os requisitos e construir *software* com qualidade é realizar uma boa engenharia de requisitos.

Como observa Sommerville (2011, p. 66-67), é muito comum a utilização da linguagem natural para definir os requisitos de *software*, pois ela é, nas palavras do autor, "expressiva, intuitiva e universal", porém esta prática pode levar a enganos, pois a mesma também é, nas palavra do autor, "vaga, ambígua" e o seu significado sempre depende do entendimento de quem a lê. Esta situação tem levado os desenvolvedores a procurarem por práticas e ferramentas que melhor definam os requisitos.

A engenharia de requisitos, em suma, é realizada em quatro etapas. Primeiro se faz um estudo de viabilidade; em seguida se realiza o levantamento e análise de requisitos, ou elicitação; logo após, se realiza a especificação de requisitos, ou documentação e, finalmente, realiza-se a validação dos requisitos.

Conforme Foggetti (2014, p. 23-24) comenta sobre as quatro atividades, avaliação da utilidade e viabilidade do sistema é a primeira fase, quando se realiza a definição do escopo, que significa definir os limites do sistema a ser trabalhado. Na fase de elicitação se levantam e analisam

19

os requisitos, quando também se negocia entre os diversos *stakeholders* o que é possível de ser feito, o que é inviável e quais são as prioridades. A especificação de requisitos nada mais é que a documentação do que foi definido como escopo e requisitos. E, finalmente, a validação dos requisitos engloba a revisão e a validação dos requisitos que foram documentados para conferir qualquer possível erro na especificação.

CAPÍTULO 2.1: A ELICITAÇÃO DE REQUISITOS

Após a organização analisar a viabilidade do projeto, sendo ele possível de ser realizado, passa-se para a elicitação, que é a fase de levantamento e análise dos requisitos de *software*. É nesta fase que são descobertos os serviços que serão oferecidos e as possíveis restrições.

Analisando a bibliografia, acerca da fase de elicitação de requisitos, encontram-se as seguintes afirmações dos autores que embasam o estudo. Segundo Sommerville (2011, p. 69) "nessa atividade, os engenheiros de software trabalham com clientes e usuários finais do sistema para obter informações sobre o domínio da aplicação, os serviços que o sistema deve oferecer, o desempenho do sistema, restrições de hardware e assim por diante.".

Resumindo então o conceito de elicitação de requisitos, para Sommerville (2011, p. 72) a elicitação de requisitos é "o processo de reunir informações sobre o sistema requerido e os sistemas existentes e separar dessas informações os requisitos de usuário e de sistema.".

Sommerville (2011, p. 70-71), então, afirma que existem dentro da etapa de elicitação e análise de requisitos, as atividades de descoberta de requisitos; classificação e organização de requisitos; e priorização e negociação de requisitos, que vão culminar na documentação dos requisitos, que é, também, chamada de especificação de requisitos.

Em concordância, da mesma forma, defendem Azevedo Junior e Campos (2008, p. 27) que "o levantamento de requisitos é a etapa do desenvolvimento de sistemas de informação responsável por identificar e modelar as necessidades do negócio a serem atendidas pelos sistemas de informação, e é, portanto, uma atividade cada vez mais relevante [...].".

Kerr (2015, p. 5) também afirma que a elicitação de requisitos está focada na obtenção de dados fornecidos pelos *stakeholders* para a construção ou aperfeiçoamento do sistema.

A ferramenta da UML, denominada caso de uso, é, no paradigma de orientação a objetos, uma das mais utilizadas para a fase de análise de requisitos, como afirmam Azevedo Junior e Campos (2008, p. 27-28).

CAPÍTULO 2.2: A ESPECIFICAÇÃO DE REQUISITOS

E specificação de requisitos, nada mais é que documentar os requisitos, ou seja, reduzir a termos escritos e documentados, para basear o contrato para o desenvolvimento e orientar os desenvolvedores do *software*.

Como vemos em Marinho (2016, p. 40) "a especificação de requisitos é o processo de escrever os requisitos de usuário e de sistema em um documento de requisitos".

Também em Sommerville (2011, p. 63), "o documento de requisitos de software, às vezes chamado de Especificação de Requisitos de Software [...], é uma declaração oficial de o que os desenvolvedores do sistema devem implementar [...]".

Neste documento é registrado o escopo do sistema, os custos previstos, o cronograma e o prazo do projeto de desenvolvimento, os requisitos funcionais, não funcionais, de sistema e de usuário.

CAPÍTULO 2.3: A VALIDAÇÃO DE REQUISITOS

N o final das etapas da engenharia de requisitos, devem-se validar os requisitos, pois qualquer erro de especificação, ou seja, documentação, não pode passar despercebido, pois, conforme explicita Foggetti (2014, p. 27), "a validação é importante porque erros não detectados a tempo podem gerar alto custo de retrabalho mais à frente.".

E, ainda, de acordo com Sommerville (2011, p. 76), torna-se muito mais custoso consertar um erro de requisitos quando já existe um sistema, quando ele já está pronto. Notadamente, o custo torna-se maior, pois erros descobertos tardiamente levam, quando o projeto não é cancelado, à reanálise dos requisitos, refatoração do código e nova etapa de testes.

CAPÍTULO 2.4: A IMPORTÂNCIA DA ENGENHARIA DE REQUISITOS

U m estudo do *Standish Group* possui bastante relevância quando se analisa a importância da realização da ER no processo de desenvolvimento de *software*, pois, ao conferir seus resultados, obtêm-se o diagnóstico do problema enfrentado na engenharia de *software*. Este estudo conclui que:

> [Apenas] 16% dos projetos [de desenvolvimento de software] foram bem-sucedidos [...]; 31% dos projetos foram cancelados [...] ou nunca foram implementados;

> 53% dos projetos foram concluídos [...] com menos recursos e funções do que foi especificado originalmente [consequentemente aumentando custos e prazos. E dentre os] projetos entregues com menos funcionalidades, o percentual de funções originalmente especificadas e entregues foi de 61% [...]. (D'OLIVEIRA *et al.*, 2012, p. 96).

Leffingwell (1997), citado por D'Oliveira *et al.* (2012, p. 96), "ressalta que 40% a 60% de todos os problemas encontrados em um projeto são causados por falhas no processo de requisitos, ausência ou não utilização de um processo de definição de requisitos adequado."

Dessa forma, percebe-se que ao negligenciar uma eficaz engenharia de requisitos, obtêm-se como resultado *softwares* pobres em qualidade que não atendem as necessidades dos clientes e, por isso mesmo, carecem de qualidade, como defende D'Oliveira *et al.* (2012, p. 96).

Mesmo ao utilizar as técnicas e processos da engenharia de *software*, ainda é comum que o produto final apresente baixa qualidade e gere a insatisfação do cliente, pois os interesses dos *stakeholders* dificilmente são bem interpretados pelos desenvolvedores de maneira clara e inequívoca.

A necessidade de resolução destes problemas de comunicação, para execução do desenvolvimento com qualidade, é suprida com o desenvolvimento formal de um processo de engenharia de requisitos. Como afirmado em D'Oliveira *et al.* (2012, p. 97).

Como os *stakeholders*, em geral, não são especialistas em TI, é comum que os mesmos não saibam o que solicitar como um requisito para o sistema, podendo, muitas vezes, solicitar coisas que não são possíveis de implementar na tecnologia atual, como destaca Marinho (2016, p. 44), "eles podem achar difícil articular o que desejam que o sistema faça, e, como não sabem o que é viável e o que não é, podem fazer exigências inviáveis.".

Os *stakeholders* manifestam seus desejos para o *software* cada um da sua própria maneira, de acordo com os seus próprios conhecimentos do domínio. Os engenheiros de requisitos são especialistas em TI e, em geral, não possuem conhecimento do domínio específico do cliente, o que dificulta o entendimento dos requisitos, como defende Marinho (2016, p. 44).

A falta de conhecimento do domínio específico do cliente e a tecnicidade de termos específicos da TI complicam muito a comunicação, e a engenharia de requisitos pode ser prejudicada, pois, como afirma Sommerville (2011, p. 60), "a imprecisão na especificação de requisitos é a causa de muitos problemas da engenharia de software.".

Em qualquer processo de desenvolvimento de *software*, uma das mais difíceis tarefas é a de entender os requisitos dos *stakeholders*. Sendo necessária comunicação eficiente e o entendimento entre diversas partes, para que o *software* desenvolvido seja útil ao cliente, pois é extremamente importante elicitar e definir os requisitos, pois, caso sejam mal definidos, gerarão muitos problemas, como afirma Foggetti (2014, p. 20).

É importante entender que detectar erros no produto e prevenir que os erros aconteçam são atividades muito importantes no processo de desenvolvimento, um complementando o outro, porém em fases distintas, Gallotti (2016, p. 19).

Certamente, a fase de testes encontrará muitos erros a serem corrigidos, com maior custo, caso não seja realizada uma boa fase de ER, pois, como diz Gallotti (2016, p. 19), "existem várias formas de se detectar um defeito, em todo caso, isso significa que ele sempre estava lá, apenas não foi notado." E, certamente, quanto mais tarde um erro for notado, mais custoso será para repará-lo.

A documentação gerada pela engenharia de requisitos fornece segurança tanto aos contratantes, quanto aos desenvolvedores. Ambos possuem um documento claro e formal do objeto de contrato, dos limites de escopo do *software* a ser desenvolvido, podendo os contratantes requerer a correta implementação de todos os requisitos definidos, assim como, os desenvolvedores possuindo claro entendimento do que desenvolver e o limite do desenvolvimento. Outro benefício dessa documentação é que na manutenção futura, ou futuros utilizadores do *software*, podem utilizá-la para entender o *software* já existente, como descreve Da Costa (2018, p. 207).

A ER é uma fase de grande importância para a engenharia de *software*, que gera grande impacto sobre prazos e custos, de forma que a indústria de *software* e suas organizações têm reconhecido seu valor, estimulado seu emprego e proposto melhorias para que haja garantia da qualidade de *software* ao entregar o que foi solicitado pelo cliente. (DA COSTA, 2018, p. 205; KERR, 2015, p. 3).

CAPÍTULO 3: LINGUAGEM DE MODELAGEM UNIFICADA: APRESENTAÇÃO GERAL

A Linguagem de Modelagem Unificada, na língua inglesa *Unified Modeling Language* (UML), é uma linguagem composta por diversos diagramas com diferentes funções. Ela é um padrão adotado pelo *Object Management Group* (OMG) em 1997, e é tida "como linguagem padrão para a modelagem de sistemas orientados a objeto." (AZEVEDO JUNIOR; CAMPOS, 2008, p. 28).

Dentre seus principais e mais utilizados diagramas temos os diagramas de classes, de objetos, de casos de uso, de sequência, de colaborações, de estados ou máquina de estados, de atividades, de componentes e de implantação. Os diagramas costumam ser divididos em categorias, como diagramas comportamentais, estruturais e de interação.

Hoje, como linguagem padrão para modelagem de sistemas, a UML surgiu pela união e padronização de metodologias de modelagem orientadas a objetos, como a *Booch* de Grady, a *Object-Oriented Software Engineering* (OOSE) de Jacobson e *Object-Modeling Technique* (OMT) de Rumbaugh. (COSTA; WERNECK; CAMPOS, 2008, p. 5).

A UML é uma linguagem de utilização ampla, podendo ser usada para modelar desde pequenos *softwares*, até grandes sistemas de tecnologia da informação (COSTA; WERNECK; CAMPOS, 2008, p. 5). Sua notação pode ser usada com o auxílio de ferramentas informatizadas de auxílio ao desenvolvimento de *software*, as *Computer-Aided Software Engineering* (CASE), ou, ainda, com notação escrita manualmente em rascunhos de reuniões em metodologias ágeis.

Os diagramas da UML desempenham duas importantes funções. Eles orientam o programador na hora de implementar o *software*, seja desenvolvendo um novo sistema, seja realizando a manutenção de um já existente. Os diagramas também facilitam a comunicação entre engenheiros de *software* e os clientes, evitando tanto a ambiguidade e imprecisão da linguagem comum do dia a dia, como a tecnicidade dos códigos de programação, uma vez que, para os clientes, torna-se muito difícil entender os algoritmos e códigos específicos à atividade dos profissionais de TI. (COSTA; WERNECK; CAMPOS, 2008, p. 7).

A UML é formada, em sua versão 2.x, por 14 diagramas, que servem para descrever o sistema em sua forma estática, ou estrutural, e em sua forma dinâmica, ou comportamental. Seus diagramas são o diagrama de classes, diagrama de componentes, diagrama de objetos, diagrama de perfil, diagrama de estruturas compostas, diagrama de implantação, diagrama de pacotes, diagrama de atividades, diagrama de casos de uso, diagrama de máquina de estados, diagrama de sequência, diagrama de comunicação, diagrama de visão geral de interação e diagrama de tempo.

CAPÍTULO 3.1: O DIAGRAMA E A DESCRIÇÃO DE CASO DE USO

Pode-se dizer que um dos diagramas mais importantes da UML, quando se trata de ER, é o diagrama de caso de uso, que é complementado com a descrição de caso de uso. Como bem afirmam Azevedo Junior e Campos (2008, p. 27) "no paradigma da orientação a objeto, a análise de requisitos tem sido feita com base num elemento de modelagem da UML [...] chamado Caso de Uso.".

Um dos fatores que tornam os casos de uso tão versáteis é que o caso de uso facilita a representação e comunicação dos requisitos entre o cliente e o engenheiro de requisitos, assim como facilita o entendimento de quem vai desenvolver o *software*. Como podemos observar em Azevedo Junior e Campos (2008, p. 27) "a tecnologia da orientação a objeto, através da UML, permite a integração da representação de modelos nos dois domínios, negócio e software.".

A ferramenta da UML, denominada caso de uso, é, no paradigma de orientação a objetos, uma das mais utilizadas para todas as fases da engenharia de requisitos.

A elicitação de requisitos com a utilização de casos de uso é baseada em histórias, ou seja, a narrativa de uma situação que um usuário ou sistema encontrariam no momento de funcionamento do sistema. (KERR, 2015, p. 68).

Ao analisar a história do usuário, suas possíveis ações e interações, identificando atores envolvidos, documenta-se em um diagrama, denominado diagrama de caso de uso da UML. (SOMMERVILLE, 2011, p. 74).

Ainda de acordo com Kerr (2015, p. 68), esta técnica torna mais facilitada a comunicação e compreensão entre os indivíduos ao demonstrar com descrições de exemplos práticos o que se deseja que o sistema faça. Dessa forma, os *stakeholders* podem compreender e contribuir na engenharia de requisitos de maneira mais efetiva.

Sendo assim, "o objetivo da utilização dos cenários não é descrever minuciosamente a operação, mas instigar questionamentos sobre as formas de uso do sistema, descobrir oportunidades de inovação e identificar problemas operacionais." (KERR, 2015, p. 68).

Os cenários de uso podem ser documentados em diagramas UML, e, ainda, com a utilização de descrições em formato de texto ou, ainda, com apoio de tabelas descritivas.

Caso de uso pode ser definido como uma história, esta história conta como se dá o relacionamento do usuário, ou sistema, com o sistema em análise. Como dito anteriormente, os cenários são, em geral, documentados como gráficos e textos descritivos. (FOGGETTI, 2014, p. 29).

Ao analisar os casos de uso deve-se ter em mente que os mesmos devem representar todas as possíveis interações do sistema em questão e fornecer os requisitos que serão definidos para o sistema, identificando as interações entre o sistema, usuários finais e outros sistemas. (SOMMERVILLE, 2011, p. 74).

Inicialmente, em sua análise, são identificados os atores, que são usuários ou sistemas, envolvidos na interação. Nomeia-se a interação, que será o nome do caso de uso e complementa-se com informações adicionais, como descrição textual ou outros diagramas da UML para aprofundar o entendimento do caso de uso. Os mais comuns para apoiar esta ação são os diagramas de atividades, sequência e de estados. (SOMMERVILLE, 2011, p. 74).

O diagrama e a descrição dos casos de uso podem ser utilizados desde o início de um projeto de desenvolvimento até a sua conclusão, servindo ainda de documentação para futuras manutenções. Medeiros (2004, p. 36) defende que o caso de uso "é a parte mais importante da construção de software orientado a objetos utilizando a UML. Os casos de uso são, talvez, o único instrumento que acompanha um software do seu início até a sua conclusão.". O mesmo autor ainda afirma que:

> Em todas as iterações que vão ocorrendo na confecção do novo software, o Caso de Uso é a ferramenta de consulta, acerto, discussão, reuniões, alterações em requisitos e alterações em desenho. Ele é a análise intrínseca de um negócio, dentro do processo de desenvolvimento de software, sugerido pelo processo iterativo e por outras metodologias que se utilizam da UML. (MEDEIROS, 2004, p. 36).

Reafirma-se a ampla utilidade desta ferramenta da UML, que pode ser usada em todas as fases do projeto de desenvolvimento, desde a análise de viabilidade, passando pela engenharia de requisitos, fornecendo subsídios à fase de projetos e documentando para manutenção.

O diagrama de caso de uso auxilia o desenvolvedor em duas frentes, primeiramente, junto aos clientes que não entendem a tecnicidade dos códigos de linguagem de programação, sendo mais fácil para os mesmos entender o diagrama com seus atores e interações; em segundo lugar, auxilia os próprios desenvolvedores no momento de desenvolver o código e implementar o sistema, pois ficam claros os requisitos e o que o sistema deve fazer. (COSTA; WERNECK; CAMPOS, 2008, p. 7).

O diagrama de caso de uso é simples e é composto por atores e casos de uso. Os atores são, geralmente, representados por uma figura conhecida como homem palito e os casos de uso são representados por uma elipse com o nome do caso de uso inscrito, como descreve Marinho (2016, p. 133).

Entre os atores pode ocorrer generalização e especialização, como em funcionário é a generalização e gerente e recepcionista são as especializações. Isto serve para elucidar casos de uso onde ambos participam e os outros onde apenas um possui participação.

Há também relacionamento entre os casos de uso. Esses relacionamentos são de inclusão (no inglês, *include*) e extensão (no inglês, *extend*). A relação de inclusão denota obrigatoriedade, ou seja, o caso de uso incluído é sempre utilizado ao executar o caso de uso principal. Já a relação de extensão não denota obrigatoriedade, sendo assim, o caso de uso pode ou não ser executado.

Os relacionamentos entre atores e casos de uso são indicados por uma linha simples, sendo utilizada a seta pontilhada no caso de inclusão e extensão de casos de uso; e há ainda a utilização de setas contínuas apontando dos atores especializados para um triângulo no ator generalizado.

Sommerville (2011, p. 74) afirma que os casos de uso devem, além do diagrama gráfico, ser descritos textualmente na documentação de requisitos, isto quer dizer que cada caso de uso deve possuir uma descrição do caso de uso, que é uma descrição textual mais detalhada sobre o mesmo.

A descrição de caso de uso aprofunda o cenário de uso com mais detalhes de como é realizado o passo a passo do caso de uso em questão. Ela funciona como uma descrição textual de um algoritmo, narrando, passo a passo, como o caso de uso é executado, o que é necessário e as suas possíveis exceções. Resumindo este conceito:

> Um cenário começa com um esboço da interação. Durante o processo de elicitação, são adicionados detalhes ao esboço, para criar uma descrição completa dessa interação. Em sua forma mais geral, um cenário

pode incluir: 1. Uma descrição do que o sistema e os usuários esperam quando o cenário se iniciar. 2. Uma descrição do fluxo normal de eventos no cenário. 3. Uma descrição do que pode dar errado e como isso é tratado. 4. Informações sobre outras atividades que podem acontecer ao mesmo tempo. 5. Uma descrição do estado do sistema quando o cenário acaba. (SOMMERVILLE, 2011, p. 73).

Dessa forma, a descrição textual relata desde o início da operação até o seu final esperado na descrição de caso de uso principal, e se for analisado que alguma exceção pode ocorrer, ela é tratada e descrita textualmente em um caso de uso com descrição de caso de uso do cenário alternativo.

Pode-se tomar como exemplo um caso de uso do ator Aluno, denominado Realizar *Login* no Sistema. Na descrição do caso de uso, no cenário principal, o aluno digita nome e senha, o sistema executa algum método para verificar as credenciais e, caso tudo correto, autoriza o acesso. Mas, na análise do caso de uso, percebe-se que o nome de usuário pode estar incorreto no momento da entrada, a senha também pode estar incorreta, o sistema pode perder a conexão, em caso de um sistema para a web, ou seja, cada um desses cenários deve ser analisado e escrito em descrição de caso de uso do cenário alternativo.

Devendo ser referenciando o momento do cenário principal em que eles devem executar, em caso de algum dos problemas ocorrerem. Como exemplo, se o cenário principal de *Login* é numerado como passo número 2 na descrição principal, os cenários alternativos podem ser 2.1 – Usuário Incorreto; 2.2 – Senha Incorreta, e assim por diante para cada uma das possibilidades analisadas.

Como defende Kerr (2015, p. 70) "devemos lembrar que casos de uso não definem 'como' o trabalho deve ser feito, mas sim 'o que deve ser feito', 'quando' e 'por que deve ser feito'." Dessa forma, com o diagrama feito e com as devidas descrições textuais realizadas, tem-se a clara percepção do que o sistema deve fazer, ou seja, as funcionalidades do sistema, em sua execução normal e com as devidas exceções previstas e tratadas.

CAPÍTULO 4: A IMPORTÂNCIA DOS CASOS DE USO DA UML PARA A ENGENHARIA DE REQUISITOS

O diagrama de caso de uso, assim como as descrições de caso de uso, possuem notações simples, porém com grande potencial para a elicitação, definição e validação dos requisitos.

Analisando a bibliografia, de acordo com Marinho (2016, p. 133), "o diagrama de caso de uso tem uma notação bem simples." Assim sendo, de acordo com Medeiros (2004, p. 36), uma das ferramentas mais importantes na UML, pois, em suas palavras, "os casos de uso são, talvez, o único instrumento que acompanha um software do seu início até a sua conclusão.".

Os casos de uso são tão simples e tão poderosos que, mesmo em esboços feitos à mão, podem tornar clara a comunicação e fazer com que dois mundos completamente diferentes se entendam e cheguem a conclusões em conjunto. Como explicado a seguir:

> Em todas as iterações que vão ocorrendo na confecção do novo software, o Caso de Uso é a ferramenta de consulta, acerto, discussão, reuniões, alterações em requisitos e alterações em desenho. Ele é a análise intrínseca de um negócio, dentro do processo de desenvolvimento de software, sugerido pelo processo iterativo e por outras metodologias que se utilizam da UML. (MEDEIROS, 2004, p. 36).

Estas ferramentas oferecem um avanço para a fase de engenharia de requisitos no desenvolvimento de *software*, dado que contribuem na elicitação e definição dos requisitos de maneira mais simples e objetiva, evitando os problemas dos *softwares* artesanais, com seus erros e problemas inerentes, como citados em D'Oliveira *et al.* (2012, p. 96).

Os diagramas e descrições de casos de uso tornam a comunicação, entre engenheiros de requisitos e *stakeholders*, mais simples e efetiva, possibilitando maior eficiência na elicitação, definição e validação dos requisitos.

Essa facilitação da comunicação para os analistas de negócios é muito importante, pois qualquer falha na engenharia de requisitos gera muitos problemas no projeto de desenvolvimento de *software*, dessa forma, os cenários e casos de uso são tidos como técnicas eficazes para elicitar requisitos por Sommerville (2011, p. 60 e 75).

Os diagramas e descrições de caso de uso também desempenham importante papel ao facilitar a comunicação entre analistas de negócios, ou engenheiros de requisitos, e os desenvolvedores que efetivamente implementam o sistema.

Os diagramas e as descrições são documentos que servem como fonte de consulta aos desenvolvedores no momento de implementar o código para atender os requisitos e desenvolver as funcionalidades, como destacado por Costa, Werneck e Campos (2008, p. 7).

Uma das funções desempenhadas pelo diagrama e descrição de caso de uso, assim como por toda a UML, é a documentação do sistema desenvolvido. Na definição de requisitos, ou documentação, os casos de uso e suas descrições também estão presentes.

A documentação é importante para definir o escopo do sistema, definir os requisitos dos *stakeholders*, as funcionalidades e limitações do sistema. Assim como, para a equipe de desenvolvimento ter clareza do que deve ser feito. Também para, caso haja alterações na equipe ao longo do projeto de desenvolvimento, os novos membros consigam se inteirar dos requisitos e acompanhar a equipe. Assim como, para futuras manutenções do sistema, quando outros profissionais necessitarem entender os detalhes do sistema para efetuar melhorias ou correções. Portanto, "essa técnica de levantamento de requisitos, referenciada em UML [...] pretende documentar toda a gama de interações que os requisitos descrevem [...] identificando as interações do sistema com os usuários ou com outros sistemas." (KERR, 2015, p. 69).

Durante o projeto de desenvolvimento é comum diversos erros passarem despercebidos e só serem descobertos na fase de testes. Isto é um problema, pois quanto mais tarde uma falha é encontrada, mais dispendioso é para corrigi-la.

Sendo assim, destaca Gallotti (2016, p. 19), que tanto testar e descobrir falhas, quanto preveni-las, fazem parte do desenvolvimento e são complementares uma a outra. Porém, é importante destacar que é melhor prevenir um problema do que tentar consertá-lo depois, e, com certeza, muitos problemas podem ser evitados com a correta engenharia de requisitos, que possui como excelente ferramenta de apoio os digramas da UML, em especial os casos de uso juntamente com suas devidas descrições.

CONCLUSÕES

No artigo, que originou este livro, foi analisado o que é requisito de acordo com a bibliografia especializada e atualizada, concluindo que requisitos, de maneira geral, são todas as funcionalidades que um sistema deve possuir e realizar, de acordo com a vontade dos *stakeholders*, assim como, os requisitos também podem ser alguma restrição ao desenvolvimento, implementação e funcionamento do *software*, como limites de recursos financeiros, limites de recursos de *hardware*, limites de tempo ou, ainda, limitações impostas por legislações.

Também foi analisado bibliograficamente o que é a engenharia de requisitos, concluindo que a mesma é uma das mais importantes fases da engenharia de *software*. A engenharia de requisitos é o passo inicial em qualquer projeto de desenvolvimento de *software*, independentemente de processo de desenvolvimento.

Conclui-se, de acordo com a bibliografia, que a engenharia de requisitos é composta por quatro fases, o estudo de viabilidade, o levantamento e análise de requisitos, também denominada elicitação de requisitos, a documentação de requisitos, também denominada especificação de requisitos e a validação de requisitos.

Outro tópico abordado e analisado no artigo, de uma forma geral, foi a Linguagem de Modelagem Unificada (UML), definindo sua origem dada pela padronização realizada pela OMG, através de técnicas de modelagem de sistemas orientados a objetos já existentes. Foi comentado, de maneira geral, sobre os diversos diagramas que compõem a UML.

Aprofundou-se mais o tópico da UML no diagrama e descrição de casos de uso. Analisando e descrevendo o diagrama de casos de uso, seus componentes e funções. Foram abordados seus elementos gráficos, como os atores (homem palito) e os casos de uso (elipses); seus relacionamentos, como generalização e especialização dos atores, assim como, os relacionamentos de inclusão e extensão dos casos de uso.

Definiu-se, também, o que é a descrição de caso de uso e sua importância em descrever cada caso de uso no seu cenário de funcionamento normal e os possíveis cenários de exceção, como um passo a passo de um algoritmo, esclarecendo o passo a passo da execução de uma interação a ser implementada no sistema.

Foi estabelecida, ao longo da análise bibliográfica no artigo, a importância do diagrama de caso de uso e da descrição de caso de uso para a engenharia de requisitos na engenharia de *software* de acordo com a literatura. A literatura demonstra a dificuldade de produção de *softwares* de qualidade, a dificuldade de elicitar, analisar, definir, validar e gerir os requisitos de *software*. Esta dificuldade se deve, em grade parte, a dificuldade de comunicação entre engenheiros de requisitos, também chamados de analistas de negócio, os *stakeholders*, clientes com interesses envolvidos no sistema e também os desenvolvedores que codificam o sistema.

Quando os *stakeholders* comunicam algum interesse, que pretendem que seja implementado no *software*, em geral, costumam ser mal interpretados, seja por ambiguidade inerente a linguagem, seja por desconhecimento do domínio do negócio por parte do engenheiro de requisitos. Outro problema comum está no momento de implementação do *software*, pois os desenvolvedores do código que implementa o sistema, muitas vezes, implementam algo de maneira errada ou incompleta, devido a falha na documentação ou falha no entendimento dos requisitos do *software*, pois os mesmos não mantiveram contato diretamente com os *stakeholders* e dependem de uma documentação de requisitos bem desenvolvida para basear o seu desenvolvimento.

A importância do diagrama de casos de uso e da descrição de casos de uso está intimamente relacionada ao fato de estas ferramentas atuarem diretamente sobre estes problemas que afetam a engenharia de requisitos e que costumam levar a diversos problemas de qualidade de *software* e problemas no projeto de desenvolvimento de *software*, como aumento de custos, prolongamento de prazos e cancelamentos. Isso se deve ao fato de estas ferramentas serem simples e objetivas, porém muito poderosas, tornando mais fácil a comunicação entre engenheiros de requisitos, *stakeholders* e desenvolvedores, assim como, gerando documentação das funcionalidades do sistema para melhor entendimento dos desenvolvedores que implementam o código do sistema.

REFERÊNCIAS BIBLIOGRÁFICAS

AUDY, Jorge; PRIKLADNICKI, Rafael. **Desenvolvimento Distribuído De Software.** Rio de Janeiro: Elsevier, 2008. 211 p.

AZEVEDO JUNIOR, Delmir Peixoto de; CAMPOS, Renato de. Definição de Requisitos de Software Baseada Numa Arquitetura de Modelagem de Negócios. **Produção,** v. 18, n. 1, p. 26-46, 2008.

COSTA, Alexandre Nunes; WERNECK, Vera M. B.; CAMPOS, Marcio Francisco. Avaliação de Ferramentas para Desenvolvimento Orientado a Objetos com UML. **Cadernos do IME-Série Informática,** v. 25, p. 5-14, 2008.

DA COSTA, Elvio Carlos. A Importância Da Engenharia De Requisitos No Processo De Desenvolvimento De Sistemas De Informação. **Revista Interface Tecnológica**, v. 15, n. 1, p. 203-214, 2018.

D'OLIVEIRA, André Luiz Câmara *et al*. Breve Ensaio Sobre a Evolução Histórica da Engenharia de Requisitos: Motivações Para Seu Surgimento. **Universitas: Gestão e TI**, v. 2, n. 2, p. 95-99, 2012.

FOGGETTI, Cristiano (Org.). **Gestão Ágil de Projetos**. São Paulo: Pearson Education do Brasil, 2014. 126 p.

GALLOTTI, Giocondo Marino Antonio (Org.). **Qualidade de Software**. São Paulo: Pearson Education do Brasil, 2016. 125 p.

KERR, Eduardo Santos (Org.). **Gerenciamento de Requisitos**. São Paulo: Pearson Education do Brasil, 2015. 197 p.

MARINHO, Antonio Lopes (Org.). **Análise e Modelagem de Sistemas**. São Paulo: Pearson Education do Brasil, 2016. 161 p.

MEDEIROS, Ernani Sales de. **Desenvolvendo Software Com UML 2.0**: Definitivo. São Paulo: Pearson Makron Books, 2004. 264 p.

SOMMERVILLE, Ian. **Engenharia de Software**. 9. ed. São Paulo: Pearson Prentice Hall, 2011. 529 p.

SOBRE O AUTOR

T. S. Gomes é especialista em engenharia de software, sendo pós-graduado no curso de pós-graduação lato sensu – especialização em engenharia de software pela Universidade Estácio de Sá – UNESA.

Também é analista e desenvolvedor de sistemas, sendo graduado em análise e desenvolvimento de sistemas pela Universidade Estácio de Sá – UNESA.

Entre em contato com o autor através de seus contatos e redes sociais:

E-mail: tsgomesescritor@gmail.com

Instagram: instagram.com/tsgomesescritor

Twitter: twitter.com/tsgomesescritor

Facebook: facebook.com/tsgomesescritor